Satanismo, sectas y gobierno mundial

colección
TABLA
ESMERALDA

La Colección Tabla Esmeralda es mucho más que una serie de libros: es una invitación a descubrir tu poder interior y a explorar los secretos más ocultos del universo. A través de una selección exquisita de obras emblemáticas en los campos del esoterismo, la autoayuda y el pensamiento espiritual, esta colección está pensada para aquellos que buscan expandir su conciencia y comprender los misterios que han fascinado a la humanidad desde tiempos ancestrales.

Cada libro te guiará en un viaje profundo hacia el conocimiento místico y el desarrollo personal, ayudándote a desentrañar los enigmas que rodean la existencia humana y a conectar con el poder transformador de la mente y el alma. Si sientes el llamado de lo desconocido, si anhelas descubrir verdades ocultas y elevar tu ser a nuevas dimensiones, la Colección Tabla Esmeralda es el compañero perfecto en tu búsqueda espiritual.

LUCÍA FABRA

SATANISMO, SECTAS Y GOBIERNO MUNDIAL

ALCARAZ
EDICIONES

© Alcaraz Ediciones, 2024
© Lucía Fabra, 2024

Mare Nostrum, 44
46420 – El Perelló
Sueca, Valencia
Teléf.: (+34) 910 46 54 33
e-mail: info@alcarazediciones.es
https://alcarazediciones.es

I.S.B.N.: 979-13-87586-08-9
Depósito Legal: V-4700-2024

Diseño y maquetación: Iván García Molinero
Printed in Spain / Impreso en España

ÍNDICE

PRÓLOGO 13

Introducción al concepto de satanismo y su representación en la sociedad moderna 16

CAPÍTULO 1: ORÍGENES HISTÓRICOS DEL SATANISMO 19

1.1 El satanismo en las religiones abrahámicas: Satanás como la figura del mal en el cristianismo, el islam y el judaísmo 19

1.2 La evolución del concepto de Satanás en la Edad Media: del ángel caído al demonio personificado 22

1.3 Juicios por brujería: la demonización de cultos y creencias paganas durante la caza de brujas 23

1.4 Diferencias entre satanismo filosófico y satanismo teológico: una perspectiva comparativa 25

1.5 Satanismo en la literatura: la influencia de Goethe, Milton y la figura rebelde del ángel caído en la cultura literaria 26

Capítulo 2: Surgimiento de las sectas
satánicas 29

2.1 Los primeros cultos esotéricos: la búsqueda
del poder a través del ocultismo 29

2.2 Sectas ocultistas en la Europa del siglo
XIX: entre el satanismo y el esoterismo 31

2.3 La Orden de los Nueve Ángulos:
historia y doctrinas de una de las sectas
satánicas más conocidas 32

2.4 La Iglesia de Satán de Anton LaVey:
surgimiento, filosofía y rituales del
satanismo moderno 34

2.5 Secta y mito: cultos satánicos en América
Latina y la percepción popular de su
existencia 35

Capítulo 3: Sectarismo en la era moderna 37

3.1 Definición de secta: cómo las sectas
modernas se organizan y operan 37

3.2 Sectas destructivas: sus características y su
impacto en los seguidores y la sociedad 39

3.3 Técnicas de reclutamiento y control
mental utilizadas por las sectas modernas 40

3.4 El papel de las sectas en la religión:
tensiones entre fe, dogma y manipulación 43

3.5 El auge de las sectas en la era digital:
cómo internet ha facilitado la expansión
de grupos sectarios 44

CAPÍTULO 4: EL SATANISMO EN LA CULTURA
CONTEMPORÁNEA 47

4.1 El auge del satanismo en la cultura
popular: música, cine y televisión como
vehículos de difusión 47

4.2 La influencia del satanismo en
subculturas juveniles: la moda, la
música y el simbolismo 49

4.3 Controversias sobre los Templos
Satánicos: desafíos a la libertad de culto
y la separación Iglesia-Estado 50

4.4 Satanismo como rebelión filosófica:
el individualismo, el hedonismo y
la autoafirmación en el satanismo
contemporáneo 52

4.5 Percepciones públicas del satanismo:
cómo se construye el estigma en los
medios de comunicación y la sociedad 53

CAPÍTULO 5: SECTAS OCULTAS Y
CONSPIRACIONES GLOBALES 55

5.1 Sectas secretas y su influencia en las
estructuras de poder: una revisión
histórica 55

5.2 Los Illuminati: mitología y realidad en
torno a la supuesta élite global 57

5.3 La Orden Rosacruz: orígenes, filosofía
y su papel en la historia esotérica 58

5.4 La Masonería y las teorías conspirativas:
cómo se ha percibido su influencia en
la política y el poder 59

5.5 Sectas y política internacional: conexiones reales y especuladas entre grupos ocultos y el gobierno mundial 61

CAPÍTULO 6: EL CONCEPTO DEL GOBIERNO MUNDIAL 63

6.1 Orígenes de la idea de un gobierno global: del sueño utópico a las teorías conspirativas 63

6.2 Globalismo versus soberanía nacional: debates filosóficos y políticos contemporáneos 65

6.3 Las instituciones internacionales y su papel en la política mundial: ONU, FMI y otras entidades........................66

6.4 ¿Existe un "gobierno en la sombra"?: exploración de la teoría conspirativa de las élites globales 68

6.5 La globalización como herramienta de control: ¿estamos avanzando hacia un orden mundial único? 70

CAPÍTULO 7: TEORÍAS CONSPIRATIVAS SOBRE EL GOBIERNO MUNDIAL........................ 73

7.1 El Nuevo Orden Mundial: su origen y evolución en la cultura conspirativa 73

7.2 El Club Bilderberg y las élites globales: ¿cómo influye este grupo en la política y la economía mundial?...............75

7.3 Naciones Unidas y el globalismo: ¿una institución al servicio del gobierno mundial?.......................................77

7.4 Agenda 21: análisis de las teorías sobre el control demográfico y la sostenibilidad global 78

7.5 La relación entre religión, sectas y el gobierno mundial: un enfoque desde las teorías de control 79

CAPÍTULO 8: SATANISMO, SECTAS Y CONTROL POLÍTICO 81

8.1 La influencia de las sectas en los círculos de poder: ¿ficción o realidad? 81

8.2 Las sociedades secretas y su impacto en la política: del ocultismo a la manipulación política 83

8.3 Simbolismo oculto en la política moderna: ¿coincidencia o mensaje deliberado? 84

8.4 El caso Pizzagate: cómo las teorías de pedofilia satánica influyeron en la política estadounidense 85

8.5 La satanización de oponentes políticos: el uso del miedo y la propaganda en la guerra política 87

CAPÍTULO 9: EL IMPACTO SOCIAL DEL SATANISMO Y LAS SECTAS 89

9.1 Pánico satánico: el origen del fenómeno y su influencia en la sociedad 89

9.2 El papel de los medios de comunicación en la proliferación del miedo al satanismo 91

9.3 Sectas destructivas y abuso de poder: estudios de casos sobre sectas que han manipulado y dañado a sus seguidores 92

9.4 Terrorismo sectario: cuando las sectas extremistas recurren al terror para imponer sus creencias................................94

9.5 El impacto psicológico de las sectas en los individuos y sus familias: consecuencias del adoctrinamiento y la ruptura familiar...95

CAPÍTULO 10: SATANISMO, SECTAS Y EL FUTURO DE LA POLÍTICA GLOBAL 97

10.1 ¿Es el satanismo una amenaza real o un fenómeno marginal en la política moderna?..97

10.2 El papel de las sectas en un mundo globalizado: su influencia en la economía y la política...............................99

10.3 Hacia un gobierno mundial: posibilidades y desafíos de un sistema de control global centralizado................100

10.4 Teorías conspirativas y el futuro: ¿desinformación, paranoia o revelaciones verdaderas? 101

10.5 Reflexiones sobre el poder, la religión y el control político en el mundo contemporáneo......................................102

APÉNDICES 105

Glosario de términos 105

Cronología histórica 107

Mapas y organigramas 108

Documentos y textos históricos.......................109

BIBLIOGRAFÍA 111

PRÓLOGO

En la vasta historia de la humanidad, las creencias y los sistemas de pensamiento han desempeñado un papel crucial en la configuración de las sociedades, la política y la cultura. Entre estos sistemas, algunos han generado una profunda inquietud y controversia, despertando tanto el miedo como la fascinación. Uno de los más enigmáticos y controvertidos es el satanismo. A menudo malinterpretado y envuelto en mitos, el satanismo ha sido asociado con prácticas oscuras y subversivas que desafían las normas religiosas y sociales. Su impacto en la cultura contemporánea es innegable, no solo como un fenómeno marginal, sino también como una representación del rechazo a las instituciones establecidas y una búsqueda de autonomía individual.

El presente trabajo tiene como objetivo explorar no solo el satanismo, sino también otros fenómenos relacionados, como las sectas y las teorías conspirativas que giran en torno al control mundial. Estos tres elementos, aparentemente dispares, están interconectados por un hilo común: la percepción de la existencia de fuerzas ocultas que operan al margen de las estructuras visibles del poder. A través de un análisis histórico y cultural, se pretende desentrañar los orígenes de estos conceptos, su evolución a lo largo del tiempo y su impacto en el imaginario colectivo contemporáneo.

Los estudios sobre el satanismo, las sectas y las teorías del control mundial requieren una mirada crítica, libre de prejuicios y sensacionalismos. A menudo, estos temas son abordados desde perspectivas alarmistas o conspirativas que desdibujan los hechos y perpetúan el miedo. Sin embargo, el enfoque de este libro es académico, basado en fuentes documentales y evidencias históricas que permiten una comprensión más matizada de estos fenómenos. Lejos de alimentar el sensacionalismo, se busca proporcionar una plataforma de análisis que permita al lector formarse una opinión informada sobre la complejidad de estos temas.

El satanismo, por ejemplo, no es una práctica monolítica ni homogénea. Su representación en la sociedad moderna varía enormemente, desde los movimientos religiosos organizados, como la Iglesia de Satán fundada por Anton LaVey en 1966, hasta su utilización simbólica en manifestaciones culturales, literarias y artísticas que no necesariamente implican una devoción a una entidad demoníaca. En muchos casos, el satanismo contemporáneo representa más un rechazo a las doctrinas tradicionales que una adoración literal del mal.

Asimismo, el fenómeno de las sectas ha estado presente a lo largo de la historia humana, evolucionando y adaptándose a las cambiantes estructuras sociales y políticas. Desde las primeras civilizaciones hasta las sociedades contemporáneas, las sectas han ofrecido refugio y sentido de pertenencia a aquellos que buscan un camino espiritual alternativo o una forma de resistencia frente al orden establecido. Sin embargo, el impacto de las sectas no es siempre benigno, y en muchos casos, han derivado en abusos psicológicos, sociales y económicos, como se ha visto en numerosos episodios a lo largo del siglo XX y XXI.

Finalmente, las teorías sobre el control mundial son un reflejo del miedo latente que existe en la sociedad ante la concentración de poder en manos de unos pocos. Estas teorías, que van desde la existencia de sociedades secretas hasta la manipulación de eventos globales por élites ocultas, no solo son una manifestación del escepticismo hacia las estructuras de poder, sino también una respuesta a la creciente complejidad del mundo moderno, donde las decisiones que afectan a millones parecen estar cada vez más alejadas del control individual.

Este libro pretende ser una exploración exhaustiva de estos temas, con el objetivo de arrojar luz sobre los oscuros rincones de la historia y la cultura que han sido moldeados por el satanismo, las sectas y las teorías conspirativas. A lo largo de sus páginas, el lector encontrará un análisis riguroso que se apoya en fuentes históricas, filosóficas y sociológicas, ofreciendo una visión amplia y profunda sobre el impacto que estos fenómenos han tenido en el pasado y continúan teniendo en el presente.

Introducción al concepto de satanismo y su representación en la sociedad moderna

El satanismo es uno de los fenómenos más controvertidos de la cultura occidental. A menudo vinculado a prácticas demoníacas y representaciones del mal, su origen histórico está marcado por una serie de malentendidos y manipulaciones. El concepto de Satanás, o Satán, aparece por primera vez en textos religiosos antiguos, particularmente en la tradición judeocristiana. Sin embargo, su evolución como símbolo ha variado a lo largo de los siglos. En la Edad Media, Satanás fue representado como el gran enemigo de Dios y la encarnación del mal absoluto. Esta imagen se consolidó con los juicios por brujería y la persecución de herejes, donde la figura de Satanás se asociaba con todo lo que se consideraba contrario a la ortodoxia religiosa.

Con el paso del tiempo, el satanismo comenzó a transformarse. En la sociedad moderna, el término "satanismo" ha adquirido diferentes connotaciones, algunas de las cuales no tienen relación con la adoración de una figura maligna. En 1966, Anton LaVey fundó la Iglesia de Satán, una organización que promueve un sistema filosófico basado en el individualismo, el hedonismo y la autoexaltación, pero que rechaza la creencia en entidades sobrenaturales. En este sentido, el satanismo de LaVey es más una crítica a las religiones tradicionales y un llamado a la autonomía personal que una devoción al mal.

Históricamente, el satanismo ha sido utilizado como una acusación para justificar la persecución de grupos disidentes. En muchos casos, las acusaciones de satanismo han sido un mecanismo para ejercer control social y político. Un ejemplo claro de esto es la caza de brujas en Europa durante los siglos XV y XVII, donde miles de personas fueron ejecutadas bajo la sospecha de estar aliadas con el diablo. Sin embargo, pocas pruebas reales existen de que estas personas practicaran algún tipo de satanismo organizado.

En la sociedad contemporánea, el satanismo sigue generando controversia, aunque su impacto real es más simbólico que práctico. Las representaciones de Satanás y el satanismo en los medios de comunicación, la música y el cine son a menudo más un reflejo de la rebelión juvenil o del deseo de provocar que una verdadera creencia en fuerzas malignas.

CAPÍTULO 1: ORÍGENES HISTÓRICOS DEL SATANISMO

El satanismo, como fenómeno histórico y cultural, ha sido objeto de múltiples interpretaciones y malentendidos a lo largo de los siglos. Sus raíces se encuentran profundamente entrelazadas con las religiones abrahámicas, donde la figura de Satanás ha sido representada de diversas formas, desde un opositor del bien hasta un símbolo de rebelión y transgresión. Este capítulo explora el origen y la evolución de la figura de Satanás, así como su impacto en la sociedad, la religión y la cultura literaria.

1.1 El satanismo en las religiones abrahámicas: Satanás como la figura del mal en el cristianismo, el islam y el judaísmo

La figura de Satanás tiene sus primeras menciones en los textos sagrados de las religiones abrahámicas, donde su rol varía significativamente. En el judaísmo, el término "Satan" deriva del hebreo שָׂטָן, que significa adversario o acusador. En sus primeras apariciones, como en el *Libro de Job*, Satanás no es una figura maligna, sino más bien un fiscal divino encargado de poner a prueba la fe de los humanos bajo la autoridad de Dios. En este contexto, Satanás se presenta como un ángel que cumple la función de probar la lealtad y devoción de los creyentes, actuando como un agente de Dios y no como un opositor directo.

No obstante, la percepción de Satanás comenzó a cambiar en el periodo postexílico, tras el exilio babilónico del pueblo judío. El concepto de un opositor a Dios, un ser maligno que busca destruir la creación divina, empezó a tomar forma con la influencia de ideas zoroastrianas y otras corrientes dualistas, que ofrecían una visión más antagonista del bien y del mal. Este desarrollo teológico llevó a la interpretación de Satanás como el enemigo principal de Dios y la humanidad, una visión que encontraría su pleno desarrollo en el cristianismo.

En el cristianismo, la figura de Satanás adquiere un papel mucho más prominente como encarnación del mal. En el Nuevo Testamento, Satanás es representado como el gran tentador, opuesto a Cristo, y se convierte en el símbolo del mal que debe ser derrotado. La interpretación cristiana de Satanás como un ángel caído, condenado por su orgullo y rebelión contra Dios, se deriva en gran parte del *Apocalipsis* (12:9), donde se le describe como "el gran dragón, la serpiente antigua, que se llama diablo y Satanás, el cual engaña al mundo entero", y es arrojado del cielo junto con sus ángeles rebeldes. Esta representación ha sido fundamental en la creación de una dicotomía moral clara en la teología cristiana entre el bien divino y el mal satánico.

Por otro lado, en el islam, la figura de Iblís (Satanás) también juega un papel crucial como un ser que desobedeció a Alá al negarse a inclinarse ante Adán. El Corán relata que Iblís fue expulsado del paraíso por su arrogancia y se le dio permiso para tentar a la humanidad hasta el Día del Juicio. A diferencia del cristianismo, donde Satanás es representado como un ser enteramente maligno, en el islam Iblís no es una entidad independiente, sino una creación de Alá que, aunque rebelde, opera bajo su control. Esta visión subraya la importancia del libre albedrío y la responsabilidad moral del ser humano en la lucha contra las tentaciones del mal.

1.2 La evolución del concepto de Satanás en la Edad Media: del ángel caído al demonio personificado

Durante la Edad Media, la figura de Satanás se consolidó como el demonio personificado, responsable de la corrupción de las almas y del caos en el mundo terrenal. Este periodo histórico fue testigo de una transformación del Satanás bíblico en una figura mucho más aterradora y omnipresente. La visión medieval del mundo, profundamente influenciada por el cristianismo, interpretaba los fenómenos naturales y las desgracias como manifestaciones del mal o castigos divinos. Satanás y sus demonios eran vistos como las fuerzas detrás de estos males, un miedo que fue alimentado por la creciente influencia de la Iglesia y sus enseñanzas sobre la salvación y el pecado.

El auge de la demonología y la creencia en los poderes sobrenaturales malignos alcanzaron su punto culminante en este periodo, cuando la figura de Satanás se convirtió en el centro de las teologías del miedo y la culpa. La representación de Satanás como un ángel caído, influenciada por las obras de teólogos como San Agustín y Santo Tomás de Aquino, contribuyó a esta visión. La caída de Lucifer, un ángel brillante que se rebeló contra Dios, se convirtió en el mito central que justificaba la existencia del mal en el mundo.

Santo Tomás de Aquino, en su *Summa Theologica*, argumentaba que "el mal no puede existir sin el bien, y el mal no es una sustancia, sino la privación del bien". Así, la existencia de Satanás como ángel caído es, en su doctrina, la representación del bien perdido, el alejamiento de la gracia divina que lleva al mal. Esta conceptualización filosófica influyó profundamente en la teología medieval, y su interpretación de Satanás como una figura contraria a Dios se arraigó en la mentalidad europea durante siglos.

1.3 Juicios por brujería: la demonización de cultos y creencias paganas durante la caza de brujas

Uno de los episodios más oscuros de la historia europea fue la caza de brujas, que alcanzó su apogeo entre los siglos XV y XVII. Durante este periodo, miles de personas, en su mayoría mujeres, fueron acusadas de practicar brujería y de ser agentes de Satanás en la Tierra. Estos juicios no solo fueron un intento de erradicar lo que la Iglesia consideraba como herejía, sino que también reflejaron la demonización de cultos paganos y creencias tradicionales que persistían en muchas regiones rurales de Europa.

La Inquisición jugó un papel crucial en la persecución de supuestos herejes y brujas, utilizando las acusaciones de satanismo como una herramienta para consolidar su poder. El famoso *Malleus Maleficarum* (El martillo de las brujas), publicado en 1487 por Heinrich Kramer y Jacob Sprenger, sirvió como un manual de caza de brujas y promovió la idea de que las brujas estaban en pacto con el diablo. Este texto legitimó la violencia y la tortura como métodos para extraer confesiones y llevó a la ejecución de miles de personas inocentes.

El *Malleus Maleficarum* afirmaba:

"El diablo puede engañar a las personas, haciéndolas creer que actúan por su propia voluntad cuando en realidad son manipuladas por él. Las brujas, al servir al diablo, han renunciado a su humanidad y son un peligro para la sociedad cristiana. Su castigo es, por tanto, una necesidad para preservar la pureza de la fe".

El miedo al satanismo y a la brujería se intensificó en gran parte debido a la inestabilidad social y política de la época. Las guerras, las epidemias y las hambrunas alimentaron la idea de que el diablo estaba obrando en el mundo, y esto justificó las medidas extremas que se tomaron contra aquellos que eran percibidos como una amenaza para la sociedad cristiana.

1.4 Diferencias entre satanismo filosófico y satanismo teológico: una perspectiva comparativa

A medida que el concepto de Satanás evolucionó, surgieron distintas interpretaciones del satanismo. Hoy en día, se reconocen dos grandes corrientes: el satanismo filosófico y el satanismo teológico.

El satanismo filosófico, representado principalmente por la Iglesia de Satán de Anton LaVey, se enfoca en el individualismo, el materialismo y la autodeificación. Este movimiento no cree en Satanás como una entidad literal, sino que lo utiliza como un símbolo de la rebelión contra las normas religiosas y sociales. Para los satanistas filosóficos, Satanás representa la naturaleza humana en su forma más cruda: los instintos, el placer y la autonomía. Anton LaVey, en *La Biblia Satánica*, afirma:

"Satanás representa la indulgencia en lugar de la abstinencia, la existencia vital en lugar de los sueños espirituales vacíos. Satanás es el símbolo eterno del hombre viviendo como su propio dios".

Por otro lado, el satanismo teológico implica una creencia real en Satanás como una deidad o fuerza espiritual. En algunas corrientes, como el satanismo tradicional, los seguidores realizan rituales y prácticas dirigidas a la adoración de Satanás como un ser sobrenatural, invocando su poder y buscando su favor. Estas corrientes tienden a operar de manera clandestina, debido al estigma social y religioso que implica la adoración directa del mal.

1.5 Satanismo en la literatura: la influencia de Goethe, Milton y la figura rebelde del ángel caído en la cultura literaria

La figura de Satanás también ha tenido un impacto profundo en la literatura occidental, donde ha sido utilizada como un símbolo de rebelión, libertad y desafío al poder. Obras como *El paraíso perdido* de John Milton y *Fausto* de Johann Wolfgang von Goethe han contribuido a la representación literaria de Satanás como un héroe trágico. En *El paraíso perdido*, Satanás es retratado como un ángel caído que lucha contra la autoridad divina, lo que lo convierte en una figura de empatía para algunos lectores, que lo ven como un símbolo de resistencia a la tiranía. En un pasaje célebre, Milton pone en boca de Satanás las palabras:

"Mejor reinar en el infierno que servir en el cielo".

Este verso encapsula la esencia de Satanás como figura rebelde, dispuesto a sufrir las consecuencias de su oposición antes que someterse a una autoridad superior.

De manera similar, en *Fausto*, Goethe utiliza la figura de Mefistófeles, un emisario de Satanás, para explorar los dilemas morales de la humanidad y la búsqueda del conocimiento y el poder. En ambas obras, Satanás no es solo el villano tradicional, sino también un reflejo de los complejos conflictos internos del ser humano. La rebelión de Satanás se convierte en una metáfora de la lucha humana contra las restricciones impuestas por la sociedad, la religión o el destino.

CAPÍTULO 2: SURGIMIENTO DE LAS SECTAS SATÁNICAS

A lo largo de la historia, el satanismo ha sido asociado con cultos secretos y esotéricos, movimientos que, en muchos casos, se han desarrollado en los márgenes de las sociedades establecidas. La atracción hacia el poder, el ocultismo y el misterio ha sido un motor para el surgimiento de sectas que han utilizado la figura de Satanás, ya sea simbólicamente o como entidad real, para estructurar su doctrina y prácticas. Este capítulo examina los orígenes y el desarrollo de estas sectas, desde los primeros cultos esotéricos hasta la aparición de movimientos satánicos en América Latina, analizando su impacto y su percepción en la cultura popular.

2.1 Los primeros cultos esotéricos: la búsqueda del poder a través del ocultismo

El surgimiento de los primeros cultos esotéricos puede rastrearse hasta las antiguas civilizaciones donde el acceso a un conocimiento oculto era considerado una vía de poder y trascendencia. Ya en el antiguo Egipto, la práctica de rituales secretos y la búsqueda de la iluminación a través del esoterismo formaba parte del desarrollo de sociedades herméticas. Estos cultos primigenios, aunque no necesariamente satánicos, sentaron las bases para una tradición esotérica que vería su florecimiento en los siglos venideros.

En Europa, durante el Renacimiento, la proliferación del interés por la alquimia, la astrología y otras ciencias ocultas consolidó la idea de que el conocimiento secreto podía ofrecer un acceso directo al poder. Muchos de estos primeros cultos esotéricos, que oscilaban entre la magia y el misticismo, fueron asociados más tarde con prácticas satánicas por su desafío a la ortodoxia religiosa. La creencia en el uso de poderes demoníacos para conseguir sabiduría o influencia creció exponencialmente durante los siglos XVI y XVII, época en que las figuras demoníacas como Satanás se convirtieron en el foco de numerosos tratados sobre demonología.

Un ejemplo destacado es la obra de Cornelio Agrippa, *De occulta philosophia*, publicada en 1533, que abordaba las conexiones entre la magia, la astrología y las potencias ocultas. Aunque no abogaba por la adoración de Satanás, su trabajo fue malinterpretado como una defensa de prácticas heréticas y diabólicas. Este tipo de literaturas y prácticas sembraron las bases para la posterior vinculación de cultos esotéricos con lo satánico, especialmente a medida que la Iglesia intentaba erradicar cualquier competencia espiritual fuera de su dominio.

2.2 Sectas ocultistas en la Europa del siglo XIX: entre el satanismo y el esoterismo

El siglo XIX fue un periodo de resurgimiento esotérico en Europa, con el auge de sociedades secretas, como los Rosacruces y la masonería, que abrazaban una mezcla de misticismo, ocultismo y prácticas esotéricas. Aunque estos grupos no necesariamente adoraban a Satanás, el clima intelectual y cultural de la época facilitó el surgimiento de movimientos que comenzaron a jugar con la iconografía satánica como un símbolo de rebelión contra el cristianismo y las instituciones religiosas establecidas.

En este contexto, personalidades como Eliphas Lévi desempeñaron un papel fundamental en el desarrollo del ocultismo moderno. En su obra *Dogma y ritual de alta magia*, Lévi redefinió muchos conceptos esotéricos, incluyendo la representación de Baphomet, una figura simbólica que combinaba elementos de Satanás con antiguos símbolos de sabiduría y poder. Si bien Lévi no promovía la adoración de Satanás, su utilización de símbolos asociados con el mal fue adoptada posteriormente por otros grupos esotéricos y sectas satánicas.

Es en este periodo donde empezaron a aparecer las primeras sectas que abiertamente afirmaban la adoración de Satanás o de entidades demoníacas. Estas sectas veían en Satanás no solo una figura religiosa, sino también un símbolo de resistencia contra las jerarquías religiosas, sociales y políticas. El siglo XIX fue testigo de una serie de prácticas ocultistas que, aunque mayoritariamente clandestinas, empezaron a consolidar doctrinas que desafiaban los principios del cristianismo.

2.3 La Orden de los Nueve Ángulos: historia y doctrinas de una de las sectas satánicas más conocidas

Entre las sectas satánicas contemporáneas, una de las más conocidas y controvertidas es la Orden de los Nueve Ángulos (ONA), fundada en el Reino Unido en la década de 1960. A diferencia de otras corrientes satánicas que se enfocan en el individualismo filosófico, la ONA promueve una versión extremista del satanismo que combina rituales esotéricos, filosofía nietzscheana y prácticas antinomianas.

La doctrina de la ONA se centra en la idea de trascender los límites morales y físicos impuestos por la sociedad, a través de la autoexaltación y la participación en rituales diseñados para conectar al individuo con las fuerzas oscuras del cosmos. A diferencia de la Iglesia de Satán de Anton LaVey, la ONA no rechaza el uso de la violencia, e incluso la promueve como un medio legítimo para alcanzar la evolución personal y el dominio sobre los demás. Este enfoque radical ha generado gran controversia, ya que la ONA ha sido vinculada con ideologías extremistas y crímenes violentos en varias ocasiones.

La ONA, a través de sus textos clave, como *The Black Book of Satan* y *The Sinister Tradition*, expone su concepción del satanismo como un camino oscuro hacia la trascendencia. Sus miembros practican rituales que buscan "abrir los ojos" al verdadero poder y romper las cadenas de la moral convencional. Un extracto de *The Black Book of Satan* establece:

"El verdadero satanista busca romper los grilletes de la civilización, de la compasión impuesta, y redescubrir su poder primordial, libre de las limitaciones que la humanidad ha construido a lo largo de milenios".

Este tipo de doctrinas ha llevado a que la ONA sea considerada una de las sectas satánicas más peligrosas, no solo por su extremismo filosófico, sino también por su enfoque en el uso de la violencia como herramienta de transformación personal y social.

2.4 La Iglesia de Satán de Anton LaVey: surgimiento, filosofía y rituales del satanismo moderno

La Iglesia de Satán, fundada por Anton LaVey en 1966, representa un punto de inflexión en la historia del satanismo, pues marca el inicio del satanismo moderno como una corriente filosófica y ritualista que aboga por el individualismo, el hedonismo y el rechazo de la autoridad religiosa.

A diferencia de otras sectas satánicas, LaVey no promovía la adoración de Satanás como un ser sobrenatural, sino que lo utilizaba como un símbolo de rebelión contra la moral judeocristiana y las normas sociales represivas. En su obra clave, *La Biblia Satánica*, LaVey presenta una serie de principios basados en la indulgencia personal, la autodeificación y la exaltación de los instintos primarios del ser humano. Uno de sus principios más célebres afirma:

"Satanás representa la indulgencia, en lugar de la abstinencia; la existencia vital, en lugar de sueños espirituales vacíos".

La Iglesia de Satán aboga por el uso del ritual como una herramienta psicológica para liberar el poder personal, pero no promueve la creencia en entidades sobrenaturales o demonios. Los rituales de la Iglesia de Satán, descritos en detalle en *La Biblia Satánica*, están diseñados para canalizar los deseos del individuo y liberarlos de las restricciones impuestas por la moral convencional.

2.5 Secta y mito: cultos satánicos en América Latina y la percepción popular de su existencia

En América Latina, el fenómeno de los cultos satánicos ha sido históricamente envuelto en una mezcla de mito y realidad. La combinación de las tradiciones indígenas, el catolicismo y las influencias ocultistas ha generado un entorno donde las leyendas sobre sectas satánicas han proliferado, aunque su existencia real ha sido difícil de verificar.

En países como México y Brasil, han surgido numerosas historias sobre rituales satánicos llevados a cabo por grupos clandestinos. Muchas de estas historias han sido alimentadas por los medios de comunicación sensacionalistas y las supersticiones locales. En algunos casos, se han encontrado evidencias de cultos que practican rituales oscuros, pero estos casos son raros y a menudo han sido exagerados para crear una narrativa de miedo y control social.

El fenómeno de los cultos satánicos en América Latina refleja en muchos aspectos las tensiones sociales y políticas que existen en la región. En algunos casos, las acusaciones de satanismo se han utilizado como una herramienta para deslegitimar movimientos sociales o religiosos alternativos que desafían el statu quo. Este tipo de prácticas recuerda las antiguas persecuciones por brujería y las acusaciones de herejía en Europa, donde el miedo a lo desconocido y la diferencia alimentó la caza de brujas y la represión de cultos no convencionales.

CAPÍTULO 3: SECTARISMO EN LA ERA MODERNA

El concepto de secta ha evolucionado a lo largo del tiempo, adaptándose a las nuevas realidades sociales, tecnológicas y culturales. En la era moderna, las sectas han encontrado nuevas formas de organización y control, utilizando tanto métodos tradicionales de manipulación como las ventajas que ofrecen las tecnologías digitales. Este capítulo examina las características y el impacto de las sectas modernas, su influencia en la sociedad y su capacidad para evolucionar y crecer en el mundo contemporáneo.

3.1 Definición de secta: cómo las sectas modernas se organizan y operan

El término "secta" ha sido utilizado históricamente para describir a un grupo religioso o filosófico que se aparta de las doctrinas tradicionales de una religión mayoritaria. Sin embargo, en la era moderna, el significado de secta ha adquirido connotaciones más específicas, a menudo relacionadas con prácticas manipuladoras, coercitivas y destructivas. La Real Academia Española (RAE) define una secta como "conjunto de seguidores de una doctrina particular o de una creencia". No obstante, el concepto en la actualidad abarca mucho más que simples diferencias doctrinales, ya que implica un patrón de comportamiento colectivo que puede tener efectos devastadores tanto para los individuos como para la sociedad.

Las sectas modernas suelen estructurarse de manera jerárquica, con un líder carismático en la cima que es visto por los seguidores como una figura incuestionable, capaz de ofrecer respuestas absolutas a las incertidumbres y conflictos de la vida. Este líder concentra un poder absoluto, controlando las creencias, el comportamiento y las decisiones de los miembros. Ejemplos recientes, como la secta Heaven's Gate o el grupo de NXIVM, muestran cómo los líderes sectarios utilizan técnicas psicológicas y emocionales para mantener su control sobre los seguidores.

En muchos casos, las sectas modernas operan bajo la apariencia de movimientos religiosos o filosóficos legítimos, lo que dificulta la identificación de su naturaleza destructiva. Suelen ofrecer a sus miembros un fuerte sentido de comunidad y propósito, utilizando esto como una herramienta para atraer a individuos vulnerables que buscan pertenencia y significado.

3.2 Sectas destructivas: sus características y su impacto en los seguidores y la sociedad

Las sectas destructivas son aquellas que, más allá de simplemente ofrecer un conjunto de creencias o prácticas, imponen una serie de restricciones y dinámicas de poder que acaban perjudicando a sus miembros. Estas sectas presentan varias características comunes:

1. Aislamiento: Los líderes de sectas destructivas a menudo intentan separar a los miembros de sus familias y amigos, buscando crear una dependencia emocional y social exclusiva hacia el grupo. Esto aumenta el control que el líder tiene sobre el individuo.

2. Control totalitario: Se establece un control absoluto sobre los pensamientos, emociones y comportamientos de los seguidores. Los miembros son inducidos a aceptar la doctrina del grupo como verdad única y son castigados o rechazados si cuestionan las decisiones o enseñanzas del líder.

3. Manipulación emocional: Las sectas destructivas explotan las emociones de sus seguidores, a menudo utilizan-

do el miedo, la culpa o el amor como herramientas para controlar el comportamiento. Se les inculca la idea de que abandonar la secta implica una catástrofe personal o espiritual.

4. Explotación financiera: Los miembros suelen ser forzados a hacer grandes contribuciones económicas al grupo, renunciando a sus bienes personales o trabajando para el grupo sin recibir compensación alguna.

El impacto de las sectas destructivas en la sociedad es considerable. A nivel individual, los miembros de estas sectas suelen sufrir daños emocionales, financieros y psicológicos a largo plazo. A nivel colectivo, las sectas destructivas generan una desconfianza general hacia los movimientos religiosos y filosóficos, manchando la reputación de grupos que, aunque no sigan un dogma convencional, operan de forma ética y respetuosa.

3.3 Técnicas de reclutamiento y control mental utilizadas por las sectas modernas

El reclutamiento es uno de los aspectos más críticos para la supervivencia de una secta. En la era moderna, las técnicas de reclutamiento han evolucionado, combinando métodos tradicionales con herramientas psicológicas y tecnológicas más sofisticadas. Entre las técnicas más comunes destacan:

1. Bombardeo de amor: Este término se refiere a la estrategia de sobrecargar al nuevo miembro con afecto, atención y apoyo emocional para hacerle sentir aceptado y querido. El bombardeo de amor es especialmente eficaz con personas que se encuentran en situaciones de vulnerabilidad emocional o social.

2. Aislamiento gradual: Las sectas a menudo buscan cortar lentamente los lazos entre el nuevo miembro y su vida exterior, haciendo que se vuelvan cada vez más dependientes de la comunidad sectaria. Este aislamiento aumenta la sensación de que el grupo es la única fuente de apoyo y pertenencia.

3. Inducción de culpa y miedo: A través de la manipulación emocional, los líderes de sectas inducen una fuerte sensación de culpa en los miembros si estos consideran la posibilidad de abandonar el grupo. A menudo, se utilizan amenazas sobre un destino

trágico o espiritual si se apartan del camino trazado por el líder.

4. Repetición de doctrinas: Las sectas suelen utilizar la repetición constante de sus creencias y doctrinas para reforzar la lealtad del seguidor. A través de mantras, rituales o reuniones frecuentes, se busca que el individuo integre profundamente las enseñanzas en su psique.

En su obra *Cults in Our Midst*, la psicóloga Margaret Singer detalla cómo el control mental dentro de las sectas es un proceso gradual que explota la vulnerabilidad emocional de los individuos. Singer explica:

"Las sectas emplean un proceso metódico de control psicológico, en el que el individuo es despojado de su sentido crítico y progresivamente es inducido a una dependencia total del líder o de la estructura del grupo".

Este tipo de control mental puede tener efectos devastadores en las personas, que a menudo se encuentran atrapadas en una red psicológica de la que es difícil escapar.

3.4 El papel de las sectas en la religión: tensiones entre fe, dogma y manipulación

Las sectas han existido desde los primeros días de las religiones organizadas, y su aparición ha planteado preguntas importantes sobre la naturaleza de la fe, el dogma y la libertad individual. A menudo, las sectas surgen como una reacción a lo que perciben como la corrupción o el estancamiento de las instituciones religiosas tradicionales. Sin embargo, las tensiones entre fe y manipulación se hacen evidentes cuando el dogma del grupo sectario es utilizado para justificar abusos y coerción.

Una de las principales preocupaciones respecto a las sectas es su capacidad para distorsionar los principios religiosos y convertir la fe en un instrumento de control. En lugar de ser una herramienta de liberación personal y espiritual, la religión en manos de los líderes sectarios se convierte en una jaula ideológica. Esta distorsión genera conflictos con las religiones más establecidas, que ven en las sectas una amenaza a su autoridad y legitimidad.

Las sectas modernas, al igual que sus predecesoras, siguen jugando un papel en la reconfiguración de la fe en la era contemporánea. En un mundo donde la religión tradicional ha perdido parte de su influencia, las sectas a menudo llenan el vacío ofreciendo certezas absolutas y un sentido claro de identidad a aquellos que se sienten desorientados o alienados por el mundo moderno.

3.5 El auge de las sectas en la era digital: cómo internet ha facilitado la expansión de grupos sectarios

La era digital ha facilitado un cambio radical en la manera en que las sectas reclutan, controlan y operan. Internet ofrece a las sectas modernas una plataforma global, eliminando las barreras geográficas y permitiendo que los líderes sectarios lleguen a millones de personas de manera rápida y eficaz. Plataformas como las redes sociales, los foros en línea y los sitios web permiten que las sectas atraigan a seguidores potenciales, compartan su doctrina y construyan comunidades virtuales.

Una de las características más alarmantes de las sectas en la era digital es su capacidad para diseminar información de manera anónima y atraer a personas vulnerables sin la necesidad de interacción física directa. Esto permite a los grupos sectarios ocultar su verdadera naturaleza bajo la apariencia de movimientos inofensivos o espirituales. A través de la manipulación de algoritmos y estrategias de marketing digital, las sectas pueden dirigir su mensaje hacia audiencias específicas que son más susceptibles de ser reclutadas.

El auge de las sectas en internet también ha facilitado la radicalización de individuos en un ambiente donde el control y la supervisión son mínimos. La difusión de teorías conspirativas, como la famosa teoría QAnon, ha sido comparada por expertos en sectarismo con la estructura y el funcionamiento de una secta digital, donde los seguidores se adhieren a una narrativa alternativa que rechaza la realidad objetiva.

En este sentido, internet ha ampliado el alcance y la influencia de las sectas, creando nuevas dinámicas de control y reclutamiento que representan un desafío tanto para la sociedad como para las autoridades.

CAPÍTULO 4: EL SATANISMO EN LA CULTURA CONTEMPORÁNEA

En la actualidad, el satanismo ha trascendido sus raíces históricas y religiosas para convertirse en un fenómeno cultural que se manifiesta en múltiples esferas de la vida moderna, desde la música y la moda hasta la política y la filosofía. Este capítulo explora cómo el satanismo ha influido en la cultura contemporánea, las subculturas juveniles y las percepciones públicas, así como las controversias que rodean su presencia en la sociedad.

4.1 El auge del satanismo en la cultura popular: música, cine y televisión como vehículos de difusión

El auge del satanismo en la cultura popular comenzó a consolidarse en la segunda mitad del siglo XX, con la creciente presencia de temas satánicos y ocultistas en la música, el cine y la televisión. La incorporación de símbolos y referencias satánicas en la cultura popular ha sido vista tanto como una forma de provocación como una estrategia de marketing, apelando especialmente a las sensibilidades juveniles que buscan desafiar las normas establecidas.

Uno de los géneros musicales más vinculados con el satanismo ha sido el heavy metal, particularmente en su variante más extrema, el black metal. Bandas como Black Sabbath, pionera del heavy metal, utilizaron imágenes satánicas y ocultistas en sus álbumes, despertando una fascinación global por el simbolismo del mal. Ozzy Osbourne, su vocalista, se convirtió en un icono de la cultura popular, y su música fue acusada de incitar a la rebelión contra las instituciones religiosas.

El cine también ha jugado un papel central en la difusión de las imágenes satánicas, con películas icónicas como *El bebé de Rosemary* (1968) y *El exorcista* (1973) que exploraron temas de posesión demoníaca y el mal absoluto. Estas películas no solo consolidaron la imagen de Satanás como una fuerza aterradora y omnipresente, sino que también provocaron un resurgimiento del interés en lo oculto y lo satánico en la sociedad.

La televisión, especialmente a partir de las últimas décadas, ha integrado el satanismo en narrativas más complejas y menos moralistas. Series como *Lucifer* (2016) y *American Horror Story* (2011) presentan a Satanás o a personajes satánicos de maneras más humanas, en algunos casos hasta simpáticas, lo que representa un cambio en cómo la cultura contemporánea aborda la figura del demonio.

4.2 La influencia del satanismo en subculturas juveniles: la moda, la música y el simbolismo

Las subculturas juveniles han encontrado en el satanismo una poderosa fuente de inspiración simbólica y estética. Desde la moda gótica hasta las corrientes más recientes del *witch house*, el satanismo ha influido de manera significativa en las formas en que los jóvenes expresan su rechazo a las convenciones sociales y su deseo de diferenciación.

En la década de 1980, el movimiento gótico incorporó elementos de lo oculto y lo satánico en su estética, con el uso de colores oscuros, maquillaje dramático y joyería que evocaba símbolos satánicos como la cruz invertida o el pentagrama. Este uso de iconografía satánica era menos una expresión de creencia en el mal que una forma de rebelión contra las instituciones religiosas y las normas sociales. Las subculturas relacionadas con la música black metal y death metal también adoptaron el satanismo como una expresión de contracultura, creando una fusión entre lo musical y lo ideológico que ha sido característico de estas comunidades.

Más recientemente, la cultura *witch house* y otros subgéneros de música electrónica han revivido el uso del satanismo como estética, combinando imágenes satánicas con sonidos experimentales y electrónicos. El simbolismo satánico ha perdido gran parte de su connotación religiosa para transformarse en un ícono de contracultura y resistencia a la norma, lo que refleja el cambio de actitud de la juventud hacia lo que antes era visto como tabú.

4.3 Controversias sobre los Templos Satánicos: desafíos a la libertad de culto y la separación Iglesia-Estado

En la esfera política, el satanismo ha suscitado controversias especialmente en torno a la libertad de culto y la separación entre Iglesia y Estado. En Estados Unidos, el Templo Satánico, fundado en 2013, ha sido el centro de numerosos debates sobre el derecho de las organizaciones religiosas minoritarias a existir y practicar libremente. El Templo Satánico se ha definido más como un movimiento activista que filosófico o religioso, utilizando el satanismo como una herramienta simbólica para desafiar las normas religiosas predominantes y defender los principios de libertad de pensamiento, laicismo y derechos civiles.

Una de las acciones más conocidas del Templo Satánico fue su intento de instalar una estatua de Baphomet en espacios públicos donde se erigían monumentos de los Diez Mandamientos, argumentando que si las instituciones religiosas cristianas tenían derecho a exhibir símbolos religiosos en lugares públicos, otras religiones, incluido el satanismo, también deberían tener ese derecho. Este tipo de iniciativas ha generado intensas discusiones sobre los límites de la libertad de culto y hasta qué punto una sociedad pluralista debe acoger a grupos que desafían las creencias mayoritarias.

El Templo Satánico también ha estado involucrado en casos legales que desafían leyes que consideran restrictivas, especialmente en temas como el acceso al aborto, argumentando que la libertad reproductiva es un derecho protegido por sus creencias religiosas. Estos desafíos han llevado a algunos sectores conservadores a ver al Templo Satánico como una amenaza directa, mientras que otros lo consideran una manifestación legítima de los derechos civiles.

4.4 Satanismo como rebelión filosófica: el individualismo, el hedonismo y la autoafirmación en el satanismo contemporáneo

Uno de los aspectos más destacados del satanismo contemporáneo es su enfoque en el individualismo y la autoafirmación. El satanismo, particularmente en su vertiente filosófica popularizada por Anton LaVey en la Iglesia de Satán, rechaza la adoración de cualquier deidad externa, abogando en su lugar por la exaltación del ser humano como su propio dios. Este enfoque filosófico ha atraído a muchas personas que buscan una ruptura con las normativas religiosas y sociales tradicionales.

El hedonismo, o la búsqueda del placer como un objetivo vital, también ocupa un lugar central en la filosofía del satanismo moderno. La *Biblia Satánica* de LaVey sostiene que los seres humanos deben aprovechar su vida terrenal y los placeres que les ofrece, rechazando la renuncia al placer que predican muchas religiones tradicionales. Esta celebración del hedonismo como una forma de autoafirmación ha convertido al satanismo en una ideología atractiva para quienes desean vivir de manera libre y sin restricciones morales impuestas desde fuera.

Además del hedonismo, el satanismo contemporáneo también aboga por la autoafirmación y la autodeificación, promoviendo la idea de que cada individuo es responsable de crear su propio destino y su propia moralidad. Esta filosofía de empoderamiento personal ha encontrado eco en una sociedad cada vez más orientada hacia el individualismo y la autorrealización.

4.5 Percepciones públicas del satanismo: cómo se construye el estigma en los medios de comunicación y la sociedad

A pesar de su creciente presencia en la cultura popular y su evolución hacia una filosofía de autoafirmación, el satanismo sigue siendo ampliamente estigmatizado en la sociedad. Las percepciones públicas del satanismo a menudo están moldeadas por los medios de comunicación, que han tendido a representar a los satanistas como figuras peligrosas, desquiciadas o malvadas. Este estigma se ha visto exacerbado por la cobertura sensacionalista de incidentes criminales asociados erróneamente con el satanismo, como el caso de los "asesinatos satánicos" de los años 80 y 90 en Estados Unidos.

El pánico satánico que se desató en esa época alimentó la idea de que existía una conspiración satánica global que involucraba sacrificios humanos, abuso ritual y control social. A pesar de que la mayoría de estas acusaciones fueron desacreditadas, el pánico dejó una huella profunda en la percepción pública del satanismo, que aún persiste en ciertos sectores conservadores y religiosos.

Los medios de comunicación continúan jugando un papel crucial en la construcción del estigma hacia el satanismo. La cobertura de los Templos Satánicos, los crímenes relacionados con rituales oscuros y las subculturas asociadas con el satanismo ha sido, en muchos casos, sensacionalista, reforzando la imagen de los satanistas como marginales o peligrosos. Sin embargo, en algunos círculos más progresistas, el satanismo es visto como una forma válida de resistencia filosófica y política contra las instituciones tradicionales de poder.

CAPÍTULO 5: SECTAS OCULTAS Y CONSPIRACIONES GLOBALES

A lo largo de la historia, las sectas secretas y los grupos ocultos han sido objeto de fascinación y especulación. Desde las organizaciones esotéricas del Renacimiento hasta las teorías conspirativas modernas, la creencia en que ciertos grupos controlan los hilos del poder mundial ha persistido en el imaginario colectivo. Este capítulo examina cómo estos grupos han sido percibidos, su impacto real en las estructuras de poder, y cómo la mezcla de hechos y mitos ha alimentado teorías conspirativas sobre el gobierno global.

5.1 Sectas secretas y su influencia en las estructuras de poder: una revisión histórica

Las sectas secretas han existido desde la antigüedad, y su influencia en las estructuras de poder ha sido objeto de debate durante siglos. Grupos como los pitagóricos en la Grecia clásica y los misterios eleusinos en Roma no solo compartían conocimientos ocultos, sino que también actuaban como círculos de poder que influían en la política y la sociedad de sus tiempos.

Un ejemplo emblemático es la Orden de los Templarios, una orden militar y religiosa fundada en el siglo XII. Los templarios no solo ejercieron un inmenso poder militar en las cruzadas, sino que también se convirtieron en banqueros de las principales casas reales de Europa. Su eventual disolución en 1312, bajo acusaciones de herejía y prácticas ocultas, alimentó la idea de que los templarios operaban en secreto, con conexiones profundas en las estructuras de poder europeo.

Como cita el historiador Malcolm Barber en su obra *The Trial of the Templars*:

"La acusación de herejía contra los templarios no solo reflejaba el temor de la Iglesia a perder su poder, sino también la sospecha de que las sectas secretas acumulaban poder de manera oculta, sin rendir cuentas a las autoridades establecidas".

A través de los siglos, las sectas secretas se convirtieron en símbolos de conspiración y poder encubierto. El temor a estas organizaciones continuó, dando paso a teorías que sostienen que, incluso en tiempos modernos, estas sectas siguen influyendo en los gobiernos y las estructuras de poder globales.

5.2 Los Illuminati: mitología y realidad en torno a la supuesta élite global

Uno de los nombres más conocidos en las teorías de conspiración es el de los Illuminati. Fundada en 1776 por Adam Weishaupt en Baviera, la orden de los Illuminati pretendía promover el racionalismo y combatir el poder de la Iglesia católica. Sin embargo, su historia real se ha visto eclipsada por las teorías que sugieren que la orden sobrevivió a su disolución en 1785 y, desde entonces, ha controlado en secreto la política mundial.

La idea de una élite global que controla los gobiernos, las finanzas y los medios de comunicación ha sido un elemento recurrente en las teorías conspirativas modernas. La mayoría de estas teorías carecen de pruebas contundentes, pero han ganado tracción en la cultura popular gracias a la difusión a través de libros, películas y, más recientemente, internet. El académico David Bramwell explica en *The Illuminati: The Secret Society that Hijacked the World*:

"Lo que comenzó como un grupo de pensadores ilustrados pronto se transformó en una proyección de los miedos modernos: la pérdida de soberanía, el control financiero y la manipulación política a escala global".

Las teorías sobre los Illuminati, sin embargo, a menudo carecen de fundamentos históricos concretos. En realidad, la orden tuvo una vida breve y sus ideales estaban más centrados en el pensamiento racional y secular que en el control político y financiero. No obstante, la mitología en torno a los Illuminati persiste, especialmente en tiempos de crisis o desconfianza hacia las élites políticas y económicas.

5.3 La Orden Rosacruz: orígenes, filosofía y su papel en la historia esotérica

La Orden Rosacruz es otro de los grupos esotéricos que ha fascinado a generaciones de estudiosos y conspiracionistas. Surgida a principios del siglo XVII, la Orden Rosacruz se presentaba como una fraternidad secreta dedicada a la sabiduría mística y el conocimiento esotérico. Según la leyenda, el fundador de la orden, Christian Rosenkreutz, había adquirido su conocimiento a través de viajes a Oriente, donde fue instruido en los misterios ocultos.

La filosofía rosacruz, como se presenta en textos clave como *Fama Fraternitatis*, se centraba en la alquimia espiritual y la búsqueda del conocimiento divino. Aunque la orden nunca tuvo el poder político o militar de grupos como los templarios, su influencia en el pensamiento esotérico fue considerable, y durante siglos, los Rosacruces fueron asociados con prácticas ocultas y misterios espirituales.

Sin embargo, en la actualidad, la Orden Rosacruz ha sido vista por algunos como una organización que trabaja entre bastidores para influir en los acontecimientos mundiales. Este enfoque se encuentra en el centro de muchas teorías conspirativas. Como señala Frances A. Yates en *The Rosicrucian Enlightenment*:

"La orden fue menos un movimiento secreto de poder que una reacción intelectual al pensamiento dogmático de su tiempo. No obstante, el misticismo de los Rosacruces ha sido malinterpretado a lo largo de los siglos, dando lugar a teorías que vinculan a la orden con agendas secretas".

5.4 La Masonería y las teorías conspirativas: cómo se ha percibido su influencia en la política y el poder

La Masonería es quizás la organización secreta más conocida y, a la vez, la más malinterpretada. Establecida formalmente en el siglo XVIII, la Masonería surgió de los gremios de albañiles medievales y se convirtió en una sociedad fraternal que promovía ideales de libertad, igualdad y fraternidad. Sin embargo, a lo largo de los siglos, los masones han sido objeto de acusaciones que los vinculan con planes secretos para dominar el mundo.

Gran parte de estas teorías se basan en el carácter cerrado de la organización y en su influencia en figuras destacadas de la política y la cultura. Personajes históricos como George Washington, Wolfgang Amadeus Mozart y Winston Churchill fueron masones, lo que ha llevado a especulaciones sobre cómo esta hermandad ha ejercido influencia en el curso de la historia.

En su obra *La masonería y el poder*, Pierre Mollier señala:

"El secreto inherente a la masonería ha sido una de las razones principales para que se le asocie con conspiraciones. No obstante, su historia muestra que sus miembros, aunque influyentes, no han actuado como un bloque monolítico de poder, sino como individuos que han aportado a sus sociedades en diversas formas".

A pesar de los intentos de la Masonería por mantener su naturaleza filantrópica, la imagen de los masones como manipuladores ocultos del poder sigue viva en muchos sectores de la sociedad, especialmente en las teorías que vinculan a esta organización con la creación de un nuevo orden mundial.

5.5 Sectas y política internacional: conexiones reales y especuladas entre grupos ocultos y el gobierno mundial

Una de las características más persistentes de las teorías conspirativas es la creencia de que sectas ocultas controlan la política mundial desde las sombras. A menudo, estas teorías especulan sobre cómo grupos como los Illuminati, los masones o incluso organizaciones secretas menos conocidas manejan los asuntos internacionales a través de una red global de influencia. Estas teorías se han amplificado en la era de la información, donde internet permite la difusión masiva de ideas que no siempre están respaldadas por pruebas.

Si bien existen ejemplos históricos de grupos esotéricos que han ejercido poder e influencia en sus contextos sociales, las conexiones entre sectas ocultas y la política internacional son, en su mayoría, especulaciones sin base sólida. Aun así, el temor a que pequeños grupos de élite tomen decisiones que afecten a las masas sigue siendo una preocupación para muchos. Este tipo de teorías a menudo se reactivan en tiempos de crisis o cuando la desconfianza hacia los gobiernos y las instituciones globales está en su punto álgido.

La socióloga Jodi Dean, en su estudio *Conspiracy Theories in the Age of Mass Media*, destaca:

"Las teorías sobre sectas y control mundial prosperan en un entorno donde las instituciones políticas pierden legitimidad. Son una respuesta psicológica y cultural a la falta de transparencia en los procesos de toma de decisiones".

Así, el vínculo entre sectas y política internacional parece estar más relacionado con la percepción pública y los miedos compartidos que con una realidad histórica verificable.

CAPÍTULO 6: EL CONCEPTO DEL GOBIERNO MUNDIAL

El concepto de un gobierno mundial ha sido objeto de fascinación y controversia a lo largo de la historia. Mientras algunos lo ven como un ideal utópico de paz y cooperación global, otros lo consideran el preludio de una pesadilla autoritaria donde las élites globales controlan todos los aspectos de la vida. Este capítulo explora la evolución de la idea de un gobierno global, desde sus orígenes en los movimientos filosóficos utópicos hasta las teorías conspirativas contemporáneas que sostienen que estamos avanzando hacia un orden mundial único.

6.1 Orígenes de la idea de un gobierno global: del sueño utópico a las teorías conspirativas

La idea de un gobierno global tiene sus raíces en el pensamiento filosófico de la Antigüedad. Filósofos como Platón imaginaron sociedades idealizadas donde una élite gobernaba con sabiduría y justicia, eliminando los conflictos entre las ciudades-estado. Sin embargo, fue en la Edad Moderna cuando el concepto de un gobierno mundial comenzó a tomar forma como un proyecto de cooperación internacional. Con la Paz de Westfalia en 1648, se sentaron las bases de la soberanía nacional, pero también se abrió el camino para que los pensadores empezaran a imaginar un sistema supranacional que pudiera garantizar la paz entre naciones.

El Iluminismo del siglo XVIII promovió la idea de que la razón y el progreso podrían llevar a la creación de un gobierno mundial. Autores como Immanuel Kant, en su obra *La paz perpetua*, proponían que los estados soberanos debían formar una federación global para evitar las guerras. Kant argumentaba que la paz solo podía garantizarse a través de un sistema internacional donde los estados renunciaran a parte de su soberanía para un bien mayor.

Sin embargo, la idea de un gobierno mundial también ha sido fuente de teorías conspirativas. A finales del siglo XIX, con la creciente influencia de organizaciones internacionales y la aparición de movimientos como el socialismo internacional, algunos comenzaron a temer que estos esfuerzos por crear un gobierno global eran en realidad intentos de las élites para consolidar su poder a expensas de la soberanía de los estados. A lo largo del siglo XX, estos temores se vieron exacerbados por la creación de instituciones como la Sociedad de Naciones y, más tarde, las Naciones Unidas, alimentando teorías sobre un control global secreto.

6.2 Globalismo versus soberanía nacional: debates filosóficos y políticos contemporáneos

El debate entre globalismo y soberanía nacional ha sido una de las tensiones políticas más persistentes del siglo XXI. Los defensores del globalismo argumentan que, en un mundo interconectado por el comercio, la tecnología y los desafíos globales como el cambio climático, las soluciones requieren cooperación internacional. Organizaciones como las Naciones Unidas y el Fondo Monetario Internacional (FMI) son vistas como necesarias para gestionar las crisis globales y promover el desarrollo sostenible.

Sin embargo, los críticos del globalismo, particularmente en movimientos populistas y nacionalistas, sostienen que el poder de las instituciones internacionales socava la soberanía nacional. Argumentan que la imposición de regulaciones y acuerdos internacionales, como el Acuerdo de París sobre el cambio climático, restringen la capacidad de los países para tomar decisiones en función de sus propios intereses nacionales. En este contexto, algunos incluso acusan a las instituciones internacionales de ser una fachada para un gobierno en la sombra que busca consolidar el control sobre las naciones.

El académico John Fonte, en su obra *Sovereignty or Submission: Will Americans Rule Themselves or Be Ruled by Others?*, sostiene que:

"El debate entre soberanía y globalismo no es solo una cuestión de política económica o medioambiental, sino de quién tiene la autoridad última. Si permitimos que organizaciones supranacionales dicten políticas, estamos cediendo nuestro derecho a autogobernarnos".

Esta tensión ha alimentado movimientos como el Brexit en el Reino Unido y el ascenso de líderes que abogan por políticas más proteccionistas y soberanistas, como Donald Trump en los Estados Unidos.

6.3 Las instituciones internacionales y su papel en la política mundial: ONU, FMI y otras entidades

Las instituciones internacionales como la ONU, el FMI y la Organización Mundial del Comercio (OMC) desempeñan un papel central en la gobernanza global. Aunque sus defensores argumentan que estas instituciones son cruciales para gestionar la interdependencia global, los críticos las ven como herramientas de las élites para imponer su voluntad sobre los estados soberanos.

La Organización de las Naciones Unidas (ONU) fue fundada en 1945 con el objetivo de prevenir futuros conflictos mundiales y promover la cooperación entre los estados. Desde entonces, la ONU ha tenido un papel clave en la mediación de conflictos, la provisión de ayuda humanitaria y el establecimiento de acuerdos internacionales. Sin embargo, su eficacia ha sido cuestionada, y algunos sostienen que la ONU carece de legitimidad democrática, ya que sus decisiones a menudo son influenciadas por los intereses de las grandes potencias.

El Fondo Monetario Internacional (FMI), por su parte, ha sido criticado por imponer políticas de austeridad a los países en crisis, lo que ha llevado a acusaciones de que la organización está al servicio de los intereses económicos de las potencias mundiales y de los mercados financieros. Como señala Joseph Stiglitz en su obra *Globalization and Its Discontents*:

"Las instituciones internacionales, aunque nacidas de buenas intenciones, han sido capturadas por los intereses de las potencias económicas dominantes, que imponen sus políticas a los países más débiles en nombre de la estabilidad económica global".

El Banco Mundial, la OMC y otras instituciones similares también han sido acusadas de ser vehículos para la imposición de un orden económico global que beneficia a las élites financieras, mientras que socavan la soberanía de los países en desarrollo.

6.4 ¿Existe un "gobierno en la sombra"?: exploración de la teoría conspirativa de las élites globales

Una de las teorías conspirativas más persistentes es la existencia de un "gobierno en la sombra" que controla las decisiones globales detrás de las cortinas. Esta teoría sostiene que las verdaderas decisiones sobre la política mundial no se toman en las instituciones visibles, sino en reuniones secretas entre las élites globales, como las que supuestamente se celebran en el Club Bilderberg o en el Foro Económico Mundial de Davos.

Los defensores de esta teoría argumentan que los líderes políticos y económicos más poderosos del mundo se reúnen en secreto para coordinar políticas que favorezcan sus intereses, a menudo en detrimento de las poblaciones generales. Aunque las reuniones del Club Bilderberg son reales, y su asistencia está limitada a figuras influyentes, no existen pruebas concluyentes de que estas reuniones sean un foro para la creación de un "gobierno mundial en la sombra".

Mark Dice, en su libro *The Bilderberg Group: Facts & Fiction*, analiza el origen de estas teorías y señala:

"La falta de transparencia en torno a estas reuniones ha alimentado la especulación. Sin embargo, las teorías que sostienen que los participantes en Bilderberg dictan políticas mundiales de forma unánime son exageraciones que carecen de evidencia sustancial".

A pesar de la falta de pruebas concluyentes, la idea de un gobierno en la sombra sigue siendo una teoría atractiva para quienes ven en la globalización una amenaza al control democrático y a la soberanía nacional.

6.5 La globalización como herramienta de control: ¿estamos avanzando hacia un orden mundial único?

La globalización ha transformado las relaciones internacionales y la economía mundial, pero también ha suscitado preguntas sobre si este proceso está conduciendo a un orden mundial único. En un mundo cada vez más interconectado por las redes comerciales, tecnológicas y financieras, algunos temen que las decisiones importantes se estén concentrando en un grupo pequeño de élites transnacionales que utilizan la globalización como herramienta para controlar a las naciones.

Los defensores de la globalización argumentan que este proceso ha promovido el crecimiento económico, ha reducido la pobreza y ha facilitado la cooperación internacional en asuntos como la protección del medio ambiente y la seguridad global. Sin embargo, los críticos sostienen que la globalización ha incrementado las desigualdades, permitiendo que las grandes corporaciones y las instituciones financieras dominen la política y las economías nacionales.

La idea de un orden mundial único es a menudo vista como el objetivo final de las élites globales, según los teóricos de la conspiración. En este escenario, los estados-nación perderían su soberanía y se integrarían en una estructura supranacional controlada por organizaciones como las Naciones Unidas o el FMI.

El economista Dani Rodrik, en su obra *The Globalization Paradox*, argumenta:

"La globalización ha producido tanto beneficios como tensiones. Si bien ha facilitado la cooperación y el comercio, también ha socavado la capacidad de los gobiernos para tomar decisiones en función de los intereses de sus ciudadanos".

Las tensiones entre globalismo y soberanía nacional continúan alimentando los debates políticos, mientras que las instituciones internacionales enfrentan críticas tanto por su ineficacia como por su papel percibido en la consolidación de un poder

CAPÍTULO 7: TEORÍAS CONSPIRATIVAS SOBRE EL GOBIERNO MUNDIAL

Las teorías conspirativas sobre el gobierno mundial han capturado la imaginación colectiva desde hace décadas, alimentadas por la desconfianza hacia las élites y las instituciones internacionales. Estas teorías, que combinan elementos de control político, económico y social, sugieren que un pequeño grupo de poderosos manipula los destinos del mundo desde las sombras. Este capítulo explora algunas de las teorías conspirativas más influyentes sobre el gobierno mundial, analizando sus orígenes, evolución y su impacto en la cultura contemporánea.

7.1 El Nuevo Orden Mundial: su origen y evolución en la cultura conspirativa

El concepto del Nuevo Orden Mundial (NOM) ha sido una de las teorías conspirativas más persistentes desde finales del siglo XX. La idea de un gobierno global secreto que controla los asuntos del mundo bajo el manto de un "orden nuevo" ha evolucionado con el tiempo, incorporando distintos actores e instituciones.

El término "Nuevo Orden Mundial" fue popularizado en gran medida por las declaraciones del presidente estadounidense George H. W. Bush en 1990, tras el fin de la Guerra Fría, donde habló de un nuevo enfoque global para asegurar la paz y la cooperación internacional. Sin embargo, muchos vieron en estas palabras un indicio de que una élite global estaba utilizando eventos geopolíticos para consolidar su control sobre las naciones. Desde entonces, la idea de un NOM ha sido objeto de especulación, con teorías que lo vinculan con la creación de una dictadura global controlada por organismos internacionales como la ONU y el FMI.

Históricamente, el concepto del NOM se ha vinculado con otros movimientos de control global, incluyendo la creencia en los Illuminati y los masones. Según los teóricos del NOM, estas organizaciones están involucradas en una trama global para reducir la soberanía de los países y consolidar el poder en manos de una élite no elegida.

David Icke, uno de los teóricos más influyentes sobre el NOM, ha escrito extensamente sobre el tema en su libro *The Biggest Secret*, donde argumenta que:

"El Nuevo Orden Mundial es el plan maestro de una élite global para imponer un gobierno mundial único, una moneda única y un sistema de control total sobre la humanidad. A través de la manipulación de guerras, crisis económicas y el miedo, esta élite busca someter a las naciones bajo su control".

Aunque no existen pruebas concluyentes de la existencia de un NOM en los términos propuestos por los teóricos de la conspiración, la idea ha permeado en la cultura popular, alimentando el escepticismo hacia las instituciones internacionales y los movimientos globalistas.

7.2 El Club Bilderberg y las élites globales: ¿cómo influye este grupo en la política y la economía mundial?

El Club Bilderberg es otro de los temas favoritos de las teorías conspirativas sobre el control mundial. Este grupo, que se reúne anualmente desde 1954, está compuesto por líderes políticos, empresarios, académicos y periodistas de todo el mundo, quienes discuten sobre temas de interés global en un entorno de privacidad absoluta. Debido a la naturaleza reservada de sus reuniones, el Club Bilderberg ha sido visto por muchos como un foro donde las élites globales trazan el futuro de la política y la economía mundial sin supervisión democrática.

Aunque el Club Bilderberg se presenta como un espacio de diálogo entre las principales figuras del poder global, la falta de transparencia ha generado sospechas sobre sus verdaderos objetivos. Teóricos de la conspiración como Daniel Estulin han argumentado que Bilderberg es, de hecho, un órgano de control que trabaja para establecer un gobierno mundial no electo. En su libro *The True Story of the Bilderberg Group*, Estulin sostiene:

"El Club Bilderberg es la cúpula del poder mundial, donde se deciden políticas que afectan a millones de personas sin su conocimiento. Lo que se discute en Bilderberg es secreto porque sus decisiones están destinadas a beneficiar a unos pocos a expensas del resto de la humanidad".

Aunque no existen pruebas claras que respalden la teoría de que Bilderberg actúa como un gobierno en la sombra, el secretismo en torno a sus reuniones ha mantenido vivas las especulaciones sobre su influencia en los asuntos globales. La falta de transparencia y el perfil elevado de sus miembros han alimentado la percepción de que se trata de un foro donde las élites coordinan políticas que favorecen sus intereses, lo que ha contribuido a la creciente desconfianza hacia las élites globales.

7.3 Naciones Unidas y el globalismo: ¿una institución al servicio del gobierno mundial?

La Organización de las Naciones Unidas (ONU), creada tras la Segunda Guerra Mundial para promover la paz y la cooperación internacional, también ha sido objeto de teorías conspirativas que la señalan como una institución diseñada para imponer un gobierno mundial. Algunos críticos ven en la ONU una herramienta utilizada por las élites globales para debilitar la soberanía nacional y preparar el terreno para un sistema de control global centralizado.

Entre las áreas más controvertidas de la acción de la ONU está su Agenda 21, un plan de desarrollo sostenible adoptado en 1992 que tiene como objetivo abordar problemas ambientales y sociales a nivel mundial. Aunque el programa está diseñado para promover la sostenibilidad, algunos teóricos de la conspiración sostienen que Agenda 21 es en realidad un plan para reducir la población mundial y establecer un control total sobre los recursos naturales.

En su libro *Behind the Green Mask: UN Agenda 21*, Rosa Koire describe la Agenda 21 como:

"Una hoja de ruta para la destrucción de la propiedad privada, el control absoluto de los recursos naturales y la reubicación forzada de la población bajo el pretexto del desarrollo sostenible. La ONU está trabajando en secreto para llevarnos a un estado de control totalitario".

A pesar de que las afirmaciones de Koire y otros críticos carecen de base sólida, el temor a que la ONU esté al servicio de un gobierno mundial persiste, especialmente entre los defensores de la soberanía nacional y los movimientos populistas.

7.4 Agenda 21: análisis de las teorías sobre el control demográfico y la sostenibilidad global

La Agenda 21 ha sido uno de los puntos focales de las teorías conspirativas relacionadas con el control global. A pesar de que se trata de un programa voluntario para abordar problemas medioambientales y de desarrollo sostenible, los teóricos de la conspiración afirman que es un plan encubierto para controlar la población y los recursos del mundo.

La teoría más extrema sostiene que los esfuerzos de sostenibilidad de la ONU están diseñados para reducir drásticamente la población mundial, eliminando a las personas a través de medidas de control demográfico como las vacunas, el aborto y las crisis provocadas artificialmente. Algunos teóricos también ven en la Agenda 21 un intento de desplazar a las poblaciones rurales hacia centros urbanos, donde sería más fácil ejercer control sobre ellas.

Esta visión se basa en una interpretación distorsionada de los objetivos de la Agenda 21, que promueve la sostenibilidad y la cooperación internacional. Sin embargo, la falta de claridad en algunos aspectos del plan y su asociación con instituciones internacionales ha permitido que proliferen teorías sobre su verdadero propósito.

7.5 La relación entre religión, sectas y el gobierno mundial: un enfoque desde las teorías de control

Muchas teorías conspirativas también incluyen a la religión como una pieza clave en el supuesto gobierno mundial. En este sentido, se argumenta que sectas religiosas, junto con organizaciones políticas y económicas, forman parte de una red de control global diseñada para manipular las creencias y comportamientos de las masas. Se ha acusado a la

Iglesia católica, a los movimientos evangélicos y a otras organizaciones religiosas de estar vinculadas con un plan mayor para imponer una religión única mundial, que serviría como un instrumento más de control de las élites.

En su libro *The Armageddon Conspiracy*, Mike Hockney sostiene que:

"Las élites globales están utilizando la religión como una herramienta para adoctrinar a las masas. Las sectas religiosas, en lugar de ofrecer espiritualidad, funcionan como redes de control, alineadas con el establecimiento de un nuevo orden mundial".

Aunque no existen pruebas de una coordinación entre grupos religiosos y gobiernos globales, la persistencia de estas teorías refleja la profunda desconfianza que algunas personas sienten hacia las instituciones de poder, ya sean políticas o religiosas.

CAPÍTULO 8: SATANISMO, SECTAS Y CONTROL POLÍTICO

Las teorías que vinculan el satanismo y las sectas con el control político han ganado terreno en la cultura popular y en el discurso político contemporáneo. Estas teorías, que mezclan ocultismo, sociedades secretas y simbolismo político, se han convertido en herramientas tanto de manipulación como de propaganda. Este capítulo examina cómo las sectas y las creencias satánicas han sido presentadas como parte de un complot para influir en los círculos de poder, y analiza si hay fundamentos en estas acusaciones o si forman parte de una narrativa conspirativa más amplia.

8.1 La influencia de las sectas en los círculos de poder: ¿ficción o realidad?

La idea de que sectas y grupos ocultistas influyen en los círculos de poder es un tema recurrente en las teorías conspirativas. Desde los tiempos de los templarios y los rosacruces, pasando por la masonería, hasta las teorías sobre los Illuminati y los Skull and Bones, la sospecha de que sociedades secretas manipulan a los gobiernos ha estado presente en el imaginario colectivo.

Históricamente, algunas sectas y grupos esotéricos sí han estado vinculados a figuras poderosas. Por ejemplo, la relación entre Aleister Crowley, una figura influyente en el ocultismo del siglo XX, y varias personalidades del mundo político y cultural de su época ha sido interpretada como evidencia de la influencia de estos grupos en los círculos de poder. Sin embargo, la mayoría de estas conexiones son circunstanciales, y no existe evidencia concluyente de que las sectas controlen activamente el poder político.

La historiadora Frances Yates, en su obra *The Rosicrucian Enlightenment*, señala que:

"Si bien las sociedades secretas, como los Rosacruces, jugaron un papel en la diseminación de ideas esotéricas, su impacto en el poder político fue limitado. Las conexiones entre estos grupos y las élites a menudo se han exagerado para alimentar teorías conspirativas".

Por lo tanto, aunque algunos grupos ocultos han interactuado con figuras de poder, la influencia directa de las sectas en la política sigue siendo un tema más cercano a la ficción que a la realidad documentada.

8.2 Las sociedades secretas y su impacto en la política: del ocultismo a la manipulación política

El papel de las sociedades secretas en la política ha sido objeto de especulación desde hace siglos. La masonería, en particular, ha sido acusada repetidamente de influir en decisiones políticas de alto nivel, debido a la presencia de destacados políticos entre sus filas. Aunque la masonería es una organización fraternal que promueve principios de ética y filantropía, la naturaleza discreta de sus actividades ha llevado a sospechas sobre su verdadero propósito.

En el siglo XVIII, las sociedades secretas fueron vistas con desconfianza por monarquías y gobiernos autoritarios, que temían que estas organizaciones fomentaran revoluciones. De hecho, algunas sociedades secretas, como los Carbonarios en Italia, participaron activamente en movimientos revolucionarios, lo que alimentó la percepción de que estas organizaciones buscaban cambiar el orden establecido.

Sin embargo, las teorías más recientes que vinculan a sociedades secretas con la manipulación política global, como las que involucran al Club Bilderberg o los Illuminati, tienden a carecer de pruebas sólidas. Estas teorías generalmente surgen en contextos de crisis política o económica, donde la búsqueda de un "enemigo oculto" se convierte en un recurso para explicar situaciones complejas.

8.3 Simbolismo oculto en la política moderna: ¿coincidencia o mensaje deliberado?

El uso de simbolismo oculto en la política ha sido una de las áreas más fascinantes para los teóricos de la conspiración. Desde el ojo que todo lo ve en el billete de un dólar estadounidense, hasta supuestos gestos ocultistas realizados por líderes mundiales en eventos públicos, muchos creen que estos símbolos son pruebas de la influencia de sociedades secretas y grupos satánicos en la política.

El simbolismo masónico, en particular, ha sido objeto de escrutinio. Se dice que monumentos como el obelisco en Washington D.C. o los edificios gubernamentales alineados según principios geométricos ocultistas son evidencia de que los masones o grupos esotéricos tienen una agenda oculta. Aunque muchos de estos símbolos tienen raíces en el arte y la arquitectura clásica, han sido reinterpretados en la era moderna como signos de una manipulación global.

El investigador Mark Stavish, en su libro *The Path of Alchemy: Energetic Healing & the World of Natural Magic*, explica que:

"El uso de símbolos en la arquitectura y los documentos políticos, como el gran sello de los Estados Unidos, no es necesariamente evidencia de conspiraciones, sino de la influencia del pensamiento renacentista y las ideas esotéricas en los fundadores de la república".

Es decir, aunque el simbolismo ocultista está presente en muchos aspectos de la política moderna, no necesariamente apunta a una agenda secreta, sino a la influencia cultural de ciertos ideales estéticos y filosóficos.

8.4 El caso Pizzagate: cómo las teorías de pedofilia satánica influyeron en la política estadounidense

Una de las teorías conspirativas más infames de los últimos años fue el caso Pizzagate, una acusación sin fundamento que afirmaba que altos funcionarios del Partido Demócrata estadounidense estaban involucrados en una red de tráfico de niños y rituales satánicos. El caso estalló durante la campaña presidencial de 2016, cuando correos electrónicos filtrados de John Podesta, jefe de campaña de

Hillary Clinton, fueron reinterpretados por conspiracionistas para sugerir una conexión entre el equipo de Clinton y un restaurante en Washington D.C. que supuestamente servía como fachada para actividades satánicas y pedofílicas.

Aunque no había ninguna prueba de que estos correos electrónicos estuvieran relacionados con tráfico de personas o satanismo, el rumor se extendió rápidamente por las redes sociales, siendo impulsado por figuras de la extrema derecha y por teorías más amplias sobre una conspiración global de élites que controlan el mundo desde las sombras. El incidente culminó en un ataque armado al restaurante mencionado, lo que demostró el peligro real de este tipo de desinformación.

El caso Pizzagate es un ejemplo de cómo las teorías sobre pedofilia satánica pueden ser utilizadas como herramientas políticas para desacreditar a oponentes y generar pánico moral entre el público. A pesar de su desmentido, el caso Pizzagate sirvió de precursora para teorías más amplias como QAnon, que continuaron promoviendo la idea de que las élites mundiales están involucradas en prácticas satánicas.

8.5 La satanización de oponentes políticos: el uso del miedo y la propaganda en la guerra política

El uso del satanismo como herramienta de propaganda no es nuevo. A lo largo de la historia, los líderes políticos han utilizado el miedo al satanismo y a las prácticas ocultas para demonizar a sus oponentes y movilizar a las masas en su contra. En la Edad Media, las acusaciones de brujería y herejía fueron utilizadas para consolidar el poder político y eliminar a los disidentes. El miedo al satanismo también fue explotado durante la caza de brujas en Europa y América.

En la política moderna, las acusaciones de "satánico" o "demoníaco" aún se utilizan para deshumanizar a los adversarios políticos. El satanismo es un símbolo de lo abyecto, lo que facilita su uso en la propaganda para polarizar a la sociedad. El término "satanización" describe este fenómeno, en el que las campañas de propaganda buscan asociar a una figura política con el mal absoluto, utilizando imágenes, narrativas o acusaciones que conectan a dicha figura con prácticas oscuras o ocultistas.

El sociólogo Michael Barkun, en su obra *A Culture of Conspiracy: Apocalyptic Visions in Contemporary America*, señala:

"La satanización de oponentes políticos funciona como una estrategia para simplificar la complejidad del debate político, polarizar a las audiencias y fomentar la hostilidad. Al asociar a un adversario con el mal absoluto, se deshumaniza a esa figura y se justifica cualquier tipo de ataque, sea verbal o físico".

El uso de estas tácticas, aunque efectivo en ciertos contextos, ha contribuido a una degradación del discurso político y al fomento de teorías de la conspiración que pueden tener efectos reales y peligrosos en la sociedad.

CAPÍTULO 9: EL IMPACTO SOCIAL DEL SATANISMO Y LAS SECTAS

El satanismo y las sectas han tenido un impacto significativo en la sociedad, generando tanto miedo como fascinación. En diferentes momentos de la historia reciente, estos fenómenos han sido responsables de crisis sociales, culturales y psicológicas que han dejado una huella duradera. Este capítulo examina el impacto social del satanismo y las sectas, desde el pánico moral hasta las secuelas psicológicas en los individuos afectados por estos movimientos.

9.1 Pánico satánico: el origen del fenómeno y su influencia en la sociedad

El pánico satánico fue un fenómeno que estalló en la década de 1980, principalmente en Estados Unidos, y que consistía en el temor de que existieran redes satánicas organizadas dedicadas al abuso infantil, sacrificios humanos y otros crímenes horrendos. Este pánico se basaba en acusaciones que, en su mayoría, resultaron ser falsas, pero tuvo un impacto profundo en la sociedad, con consecuencias judiciales, familiares y psicológicas.

El origen del pánico satánico se puede rastrear hasta libros como *Michelle Remembers* (1980), escrito por Lawrence Pazder y Michelle Smith, que relataba supuestos abusos rituales satánicos. El libro provocó una histeria colectiva que fue amplificada por los medios de comunicación y grupos religiosos, y que llevó a que varias personas fueran acusadas y encarceladas injustamente. El caso McMartin, un extenso juicio en California por presuntos abusos satánicos en una guardería, fue uno de los ejemplos más notables de cómo el pánico satánico llevó a investigaciones masivas sin fundamentos.

El psicólogo Kenneth Lanning, en su informe *Investigator's Guide to Allegations of "Ritual" Child Abuse*, explica:

"La mayoría de los casos relacionados con el pánico satánico se basaron en testimonios obtenidos bajo presión o en recuerdos inducidos, sin pruebas físicas que respaldaran las acusaciones. A pesar de la falta de pruebas, el miedo al satanismo se arraigó en la sociedad, generando un clima de desconfianza y paranoia".

Este fenómeno tuvo consecuencias duraderas, afectando a familias, comunidades y sistemas judiciales, y generando una cultura del miedo que influyó en cómo se percibía el satanismo durante varias décadas.

9.2 El papel de los medios de comunicación en la proliferación del miedo al satanismo

Los medios de comunicación desempeñaron un papel crucial en la expansión del miedo al satanismo, amplificando las acusaciones y creando una narrativa sensacionalista en torno al tema. Durante el pánico satánico, los programas de televisión, los periódicos y otros medios informaban de manera alarmista sobre supuestas conspiraciones satánicas, rituales ocultos y secuestros de niños, sin cuestionar la veracidad de las acusaciones.

Programas como *20/20* y *Geraldo* en Estados Unidos presentaron reportajes sensacionalistas sobre el satanismo, lo que contribuyó a la paranoia. El uso de imágenes oscuras, testimonios impactantes y el tratamiento de los casos de abusos rituales como una crisis nacional generó una percepción pública distorsionada del satanismo y las sectas ocultistas.

Como afirma el sociólogo Joel Best en su libro *Threatened Children: Rhetoric and Concern about Child-Victims*:

"Los medios de comunicación son, en muchos casos, responsables de la difusión de pánicos morales, al reproducir narrativas que apelan al miedo y la emoción sin cuestionar la validez de las fuentes. En el caso del satanismo, los medios contribuyeron a perpetuar la creencia de que había una amenaza inminente, a pesar de la falta de pruebas concretas".

El resultado de esta cobertura fue una sociedad más polarizada y temerosa, donde las creencias sobre sectas y satanismo llegaron a influir incluso en la política y la justicia.

9.3 Sectas destructivas y abuso de poder: estudios de casos sobre sectas que han manipulado y dañado a sus seguidores

El impacto de las sectas destructivas ha sido devastador para muchas personas que han caído bajo su control. Estas sectas se caracterizan por el uso de técnicas de manipulación y control mental para dominar a sus seguidores, muchas veces con el propósito de obtener poder, riqueza o control sobre sus vidas. Algunas sectas utilizan el abuso físico, emocional y psicológico como una forma de someter a los miembros y reforzar su lealtad al grupo.

Un ejemplo infame es el de Jonestown, dirigido por Jim Jones, líder del Templo del Pueblo. En 1978, más de 900 personas murieron en un suicidio colectivo en Guyana, bajo la influencia de Jones, quien había instaurado un régimen de control absoluto sobre sus seguidores. Este trágico evento es uno de los ejemplos más drásticos de cómo las sectas pueden llevar a la destrucción total de sus miembros.

Otro caso significativo es el de la secta Heaven's Gate, dirigida por Marshall Applewhite, cuyos seguidores cometieron un suicidio colectivo en 1997 con la creencia de que sus almas ascenderían a una nave espacial tras la llegada del cometa Hale-Bopp. Este grupo utilizó una combinación de misticismo y control psicológico para convencer a sus miembros de que debían abandonar sus vidas terrenales.

La investigadora Janja Lalich, en su obra *Take Back Your Life: Recovering from Cults and Abusive Relationships*, describe cómo las sectas destructivas operan:

"Las sectas destructivas manipulan a sus seguidores mediante el aislamiento, la dependencia emocional y la creación de un entorno cerrado donde las reglas del grupo reemplazan la autonomía individual. Las consecuencias de estas dinámicas pueden ser devastadoras, no solo para los miembros, sino también para sus familias y comunidades".

9.4 Terrorismo sectario: cuando las sectas extremistas recurren al terror para imponer sus creencias

En algunos casos, las sectas extremistas han adoptado tácticas terroristas para imponer sus creencias o desafiar al orden establecido. El terrorismo sectario surge cuando grupos que combinan ideologías religiosas, políticas o filosóficas se radicalizan al punto de recurrir a la violencia para alcanzar sus objetivos.

Un ejemplo de esto es la secta Aum Shinrikyo en Japón, dirigida por Shoko Asahara. Aum Shinrikyo combinaba elementos del budismo, el hinduismo y el apocalipticismo, y en 1995, la secta llevó a cabo un ataque con gas sarín en el metro de Tokio, que resultó en la muerte de 13 personas y miles de heridos. Este ataque reveló el peligro de los grupos sectarios cuando se convierten en movimientos extremistas dispuestos a utilizar el terror para imponer sus creencias.

Este tipo de sectas radicales no solo amenazan a sus propios miembros, sino a la sociedad en general, y representan un desafío significativo para las fuerzas de seguridad y los gobiernos.

9.5 El impacto psicológico de las sectas en los individuos y sus familias: consecuencias del adoctrinamiento y la ruptura familiar

El impacto psicológico de las sectas en los individuos que las integran es profundo y duradero. A través de técnicas de adoctrinamiento, las sectas logran crear un ambiente en el que los miembros pierden su sentido de identidad y autonomía. Este proceso de despersonalización puede llevar a consecuencias devastadoras, como la pérdida de vínculos familiares, la dependencia emocional y la incapacidad de adaptarse a la vida fuera del grupo.

Los miembros de sectas destructivas a menudo sufren trastornos psicológicos, que van desde depresión hasta trastornos de estrés postraumático (TEPT). El aislamiento de los familiares y amigos fuera de la secta exacerba estos problemas, ya que los miembros son forzados a romper sus lazos emocionales con su entorno anterior. Este aislamiento también provoca una sensación de dependencia absoluta hacia el grupo y sus líderes, lo que dificulta la salida.

La terapeuta Margaret Thaler Singer, autora de *Cults in Our Midst*, describe el proceso de adoctrinamiento sectario como:

"Un ciclo de abuso psicológico que destruye gradualmente la identidad del individuo, sustituyéndola por una nueva identidad dictada por la secta. Este proceso de reprogramación mental deja cicatrices profundas, no solo en los seguidores, sino también en sus familias, que a menudo sufren la pérdida de un ser querido".

Los efectos del adoctrinamiento sectario no solo afectan a las víctimas directas, sino que también se extienden a sus familiares, quienes deben enfrentarse al dolor de ver a sus seres queridos atrapados en un ciclo de abuso y control del que resulta extremadamente difícil escapar.

CAPÍTULO 10: SATANISMO, SECTAS Y EL FUTURO DE LA POLÍTICA GLOBAL

A medida que el mundo avanza hacia una mayor interconexión política y económica, el papel del satanismo y las sectas en el futuro de la política global sigue siendo un tema de debate. Este capítulo explora si el satanismo representa una amenaza real para las estructuras de poder modernas o si es un fenómeno marginal, así como la posible influencia de las sectas en un mundo cada vez más globalizado. También se reflexiona sobre las teorías conspirativas y su impacto en la percepción pública de la política y el control global.

10.1 ¿Es el satanismo una amenaza real o un fenómeno marginal en la política moderna?

En la política contemporánea, el satanismo ha sido representado más como un símbolo de contracultura que como una fuerza organizada con influencia directa sobre las estructuras de poder. Aunque algunas teorías conspirativas sostienen que las élites políticas están vinculadas a prácticas satánicas, la mayoría de estas afirmaciones carecen de pruebas sólidas. El satanismo filosófico, promovido por figuras como Anton LaVey, no busca el control político, sino que se centra en el individualismo y la autoafirmación.

A pesar de su presencia marginal, el satanismo sigue siendo utilizado como un recurso político para demonizar a oponentes. Movimientos como QAnon han explotado esta idea para construir una narrativa en la que las élites políticas y culturales participan en actividades satánicas y de abuso infantil. Sin embargo, estas teorías, como en el caso de Pizzagate, no tienen fundamento en la realidad y representan más un fenómeno mediático y de manipulación que una amenaza tangible para la política moderna.

El sociólogo Jeffrey S. Victor, en su obra *Satanic Panic: The Creation of a Contemporary Legend*, señala:

"El satanismo, en su forma organizada, es un fenómeno marginal sin poder significativo en la política moderna. Sin embargo, las representaciones del satanismo en los medios y las teorías conspirativas pueden tener un impacto desproporcionado en la percepción pública".

10.2 El papel de las sectas en un mundo globalizado: su influencia en la economía y la política

En un mundo globalizado, las sectas han encontrado nuevos medios para expandir su influencia, particularmente a través de internet y las redes sociales. Aunque históricamente las sectas se limitaban a entornos locales o nacionales, la globalización ha permitido que algunos de estos grupos extiendan su alcance a nivel internacional, afectando tanto la política como la economía.

Las sectas religiosas y filosóficas, como la Cienciología, han aprovechado su estructura global para influir en el ámbito político y económico. Este tipo de organizaciones tienen acceso a recursos financieros considerables y, en algunos casos, han intentado intervenir en procesos políticos en países donde tienen una base de seguidores significativa.

Sin embargo, la influencia de las sectas en la política mundial sigue siendo limitada en comparación con otros actores globales, como los gobiernos o las corporaciones multinacionales. La capacidad de estos grupos para afectar la política a nivel internacional depende de su capacidad para movilizar a sus seguidores y acceder a los centros de poder, lo que en la mayoría de los casos sigue siendo difícil de lograr.

10.3 Hacia un gobierno mundial: posibilidades y desafíos de un sistema de control global centralizado

El concepto de un gobierno mundial ha sido objeto de especulación desde el surgimiento de organizaciones internacionales como la ONU y el FMI. En un mundo cada vez más interdependiente, algunos sugieren que un gobierno global podría ser la única solución viable para abordar desafíos transnacionales como el cambio climático, la regulación de los mercados globales y la seguridad internacional.

No obstante, la creación de un gobierno mundial centralizado también plantea importantes desafíos. Los críticos argumentan que un sistema de este tipo podría amenazar la soberanía nacional y llevar a un sistema de control autoritario donde las decisiones se toman sin representación democrática adecuada. Además, los esfuerzos por crear un gobierno mundial serían percibidos como un intento de imponer un orden único en una sociedad global diversa, lo que generaría resistencia en diferentes culturas y contextos políticos.

Teóricos como Noam Chomsky han advertido sobre los peligros de concentrar el poder global en un grupo reducido, señalando que:

"Un gobierno mundial, si no está basado en la verdadera representación democrática, podría convertirse en una herramienta para perpetuar los intereses de las élites globales, en lugar de proteger los derechos de las personas comunes".

Así, aunque la idea de un gobierno mundial sigue siendo atractiva para algunos, los desafíos políticos y éticos que plantea hacen que su implementación sea compleja.

10.4 Teorías conspirativas y el futuro: ¿desinformación, paranoia o revelaciones verdaderas?

El auge de las teorías conspirativas en el mundo contemporáneo, alimentado por internet y las redes sociales, plantea preguntas sobre cómo estas narrativas afectarán el futuro de la política global. Mientras que algunas teorías, como las relacionadas con el Nuevo Orden Mundial, parecen ser simplemente desinformación o paranoia colectiva, otras revelan una profunda desconfianza hacia las élites políticas y económicas.

En un contexto donde las instituciones tradicionales enfrentan una creciente pérdida de confianza, las teorías conspirativas se convierten en una forma de explicar fenómenos complejos y de movilizar a sectores de la población que se sienten excluidos del sistema. Sin embargo, estas teorías también representan un riesgo, ya que pueden ser explotadas por movimientos extremistas y generar violencia, como ocurrió en el caso de *QAnon* y el ataque al Capitolio en Estados Unidos en 2021.

Algunos estudiosos, como Michael Barkun en su libro *A Culture of Conspiracy*, sugieren que las teorías conspirativas reflejan "un malestar social más profundo que no puede ser ignorado", pero también advierten sobre su potencial para desestabilizar sistemas políticos.

10.5 Reflexiones sobre el poder, la religión y el control político en el mundo contemporáneo

La intersección entre poder, religión y control político sigue siendo una de las cuestiones centrales en la política global. A medida que las estructuras de poder se vuelven más complejas y globalizadas, las dinámicas entre sectas, religiones y movimientos políticos emergentes continuarán influyendo en el curso de la historia.

El poder político ha estado vinculado tradicionalmente a instituciones religiosas y filosóficas, y aunque el secularismo ha avanzado en muchas partes del mundo, la religión y las sectas continúan siendo actores influyentes. Las sectas, en particular, con su capacidad para movilizar a seguidores y generar lealtad absoluta, pueden convertirse en instrumentos de poder en un contexto político globalizado, donde los actores no estatales juegan un papel cada vez más importante.

El filósofo Michel Foucault, en su análisis del poder, argumentó que:

"El poder no es simplemente una estructura impuesta desde arriba; es algo que circula a través de las instituciones, las creencias y los sistemas de control. Las sectas y las religiones, con sus sistemas de creencias, forman parte de este flujo de poder".

El futuro de la política global dependerá en gran medida de cómo se gestionen estas tensiones entre poder, control y las creencias religiosas o filosóficas de la humanidad.

APÉNDICES

Glosario de términos

Este glosario reúne los términos clave relacionados con el satanismo, las sectas y las teorías sobre el gobierno mundial, facilitando la comprensión de los conceptos utilizados a lo largo del libro.

- Satanismo filosófico: Corriente de pensamiento que utiliza a Satanás como un símbolo de individualismo, autodeificación y rechazo de la moral tradicional, sin creer en su existencia literal.

- Satanismo teológico: Creencia en Satanás como una entidad sobrenatural a la que se adora o invoca en rituales.

- Sectas destructivas: Grupos que utilizan técnicas de control mental y manipulación para someter a sus seguidores, generalmente con fines económicos, emocionales o sexuales.

- Illuminati: Supuesta sociedad secreta fundada en Baviera en 1776, que según las teorías conspirativas controla el poder global desde las sombras.

- Nuevo Orden Mundial (NOM): Teoría conspirativa que sostiene que las élites globales están tratando de instaurar un gobierno mundial único que controle todos los aspectos de la vida humana.

- Club Bilderberg: Grupo real que celebra reuniones anuales de líderes políticos, empresariales y académicos, y que, según algunas teorías, funciona como un foro para la creación de un gobierno mundial en la sombra.

- Caza de brujas: Persecución, especialmente en la Europa de los siglos XV al XVII, de personas acusadas de practicar brujería y tener vínculos con Satanás.

- Simbolismo oculto: Uso de imágenes, símbolos o gestos asociados con el ocultismo o el satanismo, que según algunos teóricos, estarían presentes en la política y la cultura para enviar mensajes secretos o manipular a las masas.

Cronología histórica

Una línea de tiempo con los eventos clave relacionados con el satanismo, las sectas y el concepto del gobierno mundial.

- 1231: Creación de la Inquisición por la Iglesia católica para investigar y castigar la herejía, incluyendo la brujería y el satanismo.

- 1487: Publicación del *Malleus Maleficarum,* texto clave en la caza de brujas que vinculaba el satanismo con prácticas de brujería.

- 1776: Fundación de los Illuminati por Adam Weishaupt en Baviera, inicialmente con fines de promover el racionalismo y la libertad.

- 1966: Fundación de la Iglesia de Satán por Anton LaVey en San Francisco, estableciendo el satanismo moderno como una corriente filosófica.

- 1978: Suicidio masivo en Jonestown, Guyana, liderado por Jim Jones, un evento trágico que refleja el impacto destructivo de las sectas.

- 1995: Ataque con gas sarín en el metro de Tokio por la secta Aum Shinrikyo, uno de los ejemplos más notorios de terrorismo sectario.

- 2016: Surgimiento de la teoría conspirativa Pizzagate, vinculando falsamente a líderes políticos de Estados Unidos con una red de pedofilia satánica.

Mapas y organigramas

Se incluyen mapas y organigramas para ilustrar la distribución geográfica y las conexiones entre las principales organizaciones mencionadas en las teorías conspirativas y las sectas influyentes.

- Mapa de las sociedades secretas en Europa: Visualización de los principales centros de actividad de grupos como los Rosacruces, los Illuminati y la masonería.

- Organigrama del Nuevo Orden Mundial: Esquema que representa las conexiones especulativas entre organizaciones como el Club Bilderberg, las Naciones Unidas, el FMI y las élites globales, según las teorías conspirativas.

- Mapa de sectas destructivas contemporáneas: Localización de las sectas más conocidas, como la Iglesia de la

Unificación, Cienciología y los movimientos de nueva era asociados con prácticas esotéricas.

Documentos y textos históricos

Selección de documentos clave que han influido en las creencias sobre el satanismo, las sectas y el control global, con análisis y comentarios sobre su impacto histórico.

- Extractos del Malleus Maleficarum (1487): Texto fundamental en la caza de brujas, que vinculaba las prácticas satánicas con la brujería y estableció un marco para la persecución de las "brujas" en Europa.

- Extracto del *Discurso del Nuevo Orden* Mundial de George H. W. Bush (1990): Este discurso es clave para entender cómo el concepto de un "nuevo orden" ha sido interpretado como parte de un plan de control global por las teorías conspirativas.

- Fragmentos de *La Biblia Satánica* de Anton LaVey (1969): Un análisis de los principios del satanismo filosófico y cómo LaVey utilizó a Satanás como símbolo de rebeldía e independencia en la era moderna.

BIBLIOGRAFÍA

Barkun, M. *A Culture of Conspiracy: Apocalyptic Visions in Contemporary America.* University of California Press, Berkeley, 2003.

Best, J. *Threatened Children: Rhetoric and Concern about Child-Victims.* University of Chicago Press, Chicago, 1990.

Bramwell, D. *The Illuminati: The Secret Society that Hijacked the World.* Quercus, Londres, 2017.

Chomsky, N. *Hegemony or Survival: America's Quest for Global Dominance.* Metropolitan Books, Nueva York, 2003.

Dice, M. *The Bilderberg Group: Facts & Fiction.* The Resistance, San Diego, 2014.

Estulin, D. *The True Story of the Bilderberg Group.* Trine Day, Walterville, 2007.

Foucault, M. *Discipline and Punish: The Birth of the Prison.* Pantheon Books, Nueva York, 1977.

Hockney, M. *The Armageddon Conspiracy.* Hyperreality Books, Nueva York, 2012.

Icke, D. *The Biggest Secret: The Book That Will Change the World.* Bridge of Love Publications, Scottsdale, 1999.

Koire, R. *Behind the Green Mask: UN Agenda 21.* Post Sustainability Institute Press, Santa Rosa, 2011.

Lanning, K. *Investigator's Guide to Allegations of "Ritual" Child Abuse.* National Center for the Analysis of Violent Crime, Quantico, 1992.

Lalich, J. *Take Back Your Life: Recovering from Cults and Abusive Relationships.* Bay Tree Publishing, Berkeley, 2006.

Mollier, P. *La masonería y el poder.* Ediciones Oberón, Madrid, 2009.

Pazder, L., & Smith, M. *Michelle Remembers.* Pocket Books, Nueva York, 1980.

Singer, M. *Cults in Our Midst.* Jossey-Bass, San Francisco, 1995.

Stavish, M. *The Path of Alchemy: Energetic Healing & the World of Natural Magic.* Llewellyn Publications, Woodbury, 2006.

Stiglitz, J. *Globalization and Its Discontents.* W.W. Norton & Company, Nueva York, 2002.

Victor, J. S. *Satanic Panic: The Creation of a Contemporary Legend.* Open Court Publishing, Chicago, 1993.

Yates, F. A. *The Rosicrucian Enlightenment.* Routledge & Kegan Paul, Londres, 1972.

GRACIAS POR COMPRAR
ESTE LIBRO.
DESCUBRE MÁS EN
NUESTRA WEB: